GOLWG AR GÂN

21136

D1495066

golwg
ar
Gân

DIC JONES

Gwasg
Gwynedd

Argraffiad Cyntaf — Tachwedd 2002

ISBN 0 86074 190 7

Diolch i'r cylchgrawn *Golwg,*
lle'r ymddangosodd y cerddi gyntaf

*Cyhoeddwyd ac argraffwyd
gan Wasg Gwynedd, Caernarfon*

Cynnwys

Cywydd Mawl i Hywel Gwynfryn

Hywel fore'i leferydd,
Y record sy'n deffro'r dydd.
Ef i'r adar yw'r larwm
I gychwyn canu'n y cwm,
Hebddo ef ni byddai haul
Y wawr na bore araul.

Y llais sydd yn gwneud yn llon
Â'i gleber ddyddiau gwlybion.
Tawed y proffwyd tywydd
'Mwyn popeth â'i bregeth brudd,
Doed ia ac ôd, uded gêl,
Mae'n ha' yng nghwmni Hywel.

Ef, pan ddaw Awst y Brifwyl,
Hyd y drws sy'n dod â'r ŵyl.
Ei glywed yn welediad
Â'i weled yn glywed gwlad.
Pa Steddfod heb ffregod ffraeth
Ei wybod a'i sylwebaeth?

Pwy a alwodd y peilot
I'w hwyrol, Sabothol sbot?
Gan ddod â gwên i enaid
Heb archoll na lluchio llaid.
Ni chronnwyd dawn gyflawnach
Na hon o fewn y sgrîn fach.

Boed i'w gabol gyboli
Lawenhau'n hwyrnosau ni,
A'i hys-bys ar draws y bau
Ar awel y boreau.
Gyda'i wit, cadwed ati,
'Waeth sianel Hywel yw hi.

Pwy Fagai Blant

*(Cafwyd Euan Blair, mab y Prif Weinidog,
yn feddw yn Leicester Square.)*

Mae nhw'n siwr o godi c'wilydd
Arnoch chi ryw ffordd neu'i gilydd –
Rhegi 'nghlyw eich mam-yng-nghyfreth
Neu dorri gwynt ar ganol pregeth.

Gwneud rhyw felltith bach diniwed,
Chithe'n esgus cau eich llyged,
'Waeth o'ch golwg chi pan â'n-nhw
Wyddoch chi ddim byd beth wnân-nhw.

Mynd o ddrwg i waeth ar brydie
A'r polîs yn galw falle,
Chithe'n godde drwy bob trwbwl –
Eich plant chi ŷn-nhw wedi'r cwbwl.

Ond mae un peth yn galondid
I ni i gyd waeth beth fo'r gofid:
Nid yw plant y bobol ore'n
Well na gwaeth na'n plant ni'n hunen.

Dau Faban

Mae bachgen wedi'i eni'n
Ôl y sôn a glywais i
Yn Rhif Deg, crwt braf, a'i dad
Yn fud ar ei ddyfodiad.
Achos nid oedd 'slip' fechan
Yr hoi poloi ar y plan.

Llawenydd nas cynlluniwyd
Yn dod â lliw i fyd llwyd,
Ac ni all ugeiniau o
Sbinwyr ddim o'i esbonio.

Ond draw yng nghysgod rhyw whîl
Iddo mae crwtyn eiddil
Arall, sy'n gryn embaras
I dyrfa ronc y dre fras.

Er yr haid ddoctoriaid da
A'r holl heip mae'n bur llipa,
Yn wachul iawn ei iechyd,
Yn mynd yn waeth, waeth o hyd.

Er gwario craig o arian
I'w fagu ef, torf go wan
Yw miliynnau'r mileniwm
Oedd i fod i fod yn fŵm.

Bydd Leo'n falchder gwerin,
Ond y mae'r Dôm ar ei din.

Bwletin

(Cyhoeddodd Christine Gwyther mai .04% o'r GNP yw cyfraniad amaethyddiaeth, a bod hynny'n disgyn i ddim o ddwyn cymorthdaliadau i ystyriaeth.)

Chi sy'n aredig ac yn trin y tir
A godro ar bob tywydd fore a nos,
A chadw cefen gwlad yn weddol glir,
Dy'ch chi'n cyfrannu dim i'r Cynnyrch Grôs.

Chi sydd â'ch trailers Ifor Williams drud
Yn llenwi pob Ca' Mart o Fôn i Went,
A chadw pwmp Saddam i fynd 'run pryd,
Eich mesur chi a'ch stoc yw Nôt Pyr Sent.

Fe ddaw ein cyfoeth mwy o'r GM Rape,
A gall y wlad yn hawdd fyw ar laeth sgim
O'r Trydydd Byd – mae'r rheiny'n byw yn tshêp –
A chithau yn cael grant am ddim yw dim.

Mae'n rhaid ei bod yn wir – Christine sy'n dweud –
Llefarydd y Weinyddiaeth Dim-I'w-Wneud.

Nos Sadwrn

(Eisteddfod yr Urdd, Conwy)

        ddiflas ydoedd,
Tila iawn y teli oedd.
Arno'n 'wledd' yr un hen lol
A'r oferedd arferol.
Onid yw yn siwtio'ch dant,
Diawlineb yn adloniant.

Yna'r hwyr, o Gonwy'r gân
Trwy wyll yn torri allan
O'r sianel yn awel iach
I nosweithiad o sothach.

Ysbryd celf yn ei elfen
Yn asio llais, dawns a llên
Yn un bwrlwm o berlau,
Na allwn ond llawenhau'n
Ddiddiwedd a rhyfeddu
At wledd y talentau lu.

Afieithus o heintus oedd,
Direidi hyder ydoedd,
A'r asbri i ni a'i gwnaeth
Yn Sadwrn melys odiaeth.

Hela

*(Addawyd pleidlais rydd yn Nhŷ'r Cyffredin
ar fesur i wahardd hela.)*

Mae dirfawr lawenychu
Heddiw'n y Dalar Las
Fod y Senedd wedi addo
Atal yr helgwn cas.
Y mae hi wedi chwech o'r gloch
Ar y cotiau pinc medd y rhosyn coch.

Mae cipial yn Nhwll Daear
Rhwng Siân Slei Bach a'r plant
Fod ganddynt drwydded mwyach
Fin nos i blannu dant
Yn ieir a hwyaid Eban Jôs,
Ac ambell oen oddi ar y rhos.

Mae moliant yn San Steffan
Fod enaid yn Rhif Deg
A fyn i bob creadur
Ei gyfiawn chwarae teg.
'Waeth pa mor llwm neu sâl y boch
Rhowch lonydd i Siôn Blewyn Coch.

Mae canu yn y nefoedd
Yn siwr, a llawenhau
Yn rhengoedd democratiaeth
Drwy'r gwledydd yn ddi-au,
Fod ystyriaethau mawr y dydd
I'w penderfynu drwy bleidlais rydd.

14

Dau Bla

Mae'n hen bryd atal hela, mae'n greulon ac yn gas,
Ac nid yw ond adloniant i wladwyr sy'n byw'n fras.
Mae hawl gan bob creadur drwy'r cread oll gael byw
Heb ofni cael ei erlid, 'run fath â dynol-ryw.
Ac os yw'r cadno weithiau yn cymryd iâr neu oen
Mae nwy'n ei ladd yn gyflym, a'i saethu yn ddi-boen.

Mae rhai yn dadlau felly – gwleidyddion geiriau mêl
Sy'n ceisio datrys problem helyntion byd y bêl,
A phla yr hwliganiaid sy'n briwio trefi'n rhacs
A chlwyfo a lladd ei gilydd, yn wynion ac yn flacs,
A thynnu ar adnoddau ysbytai a'r polîs
A'ch gadael chi a finnau wrth gwrs i dalu'r pris.

Mae'r ddau'n gwestiynau dyrys, yn haeddu sylw hael,
(Gan gynnwys yr ystyriaeth o ble mae fôts i'w cael).
Ond os yw deddfu i atal un chwarae yn beth call,
Oni fyddai yn rhesymol gwneud yr un peth â'r llall?

Mynd i'r Gwaith

Bu Erin yn brin o bres,
Newynu oedd ei hanes,
A'i gwerin hi'n yr hen oes
Yn myned am ei heinioes
I draethau aur bannau'r byd
O gyrraedd cors ei gweryd.

Ond erbyn hyn Tir Na N'og
A aeth yn wlad gyfoethog,
A'i hen syml werinwyr sydd
Yn deicwniaid y cynnydd.
Lle bu daear galargerdd,
Ffyniannus yw'r Ynys Werdd.

A rhagor, ar foregwaith,
Ar fferi Caergybi i'r gwaith,
Ein gwerin ni gyrru a wna
I Erin am ei bara.

Pryder Pres

Os daeth arian Amcan Un – yn gardod
O law Gordon gyndyn,
Fe ddaw eto'r Ewro'i hun
I'w ofidio'n fwy wedyn.

Cyfri, a Chyfri Dim

Fe aeth y sens o'r sensws, meddai'r sôn,
Pan fethwyd â rhoi lle i ni roi tic
I ddangos ein Cymreictod. Mae gwŷr Môn
Yn llai nag ethnics bellach. Hen, hen dric
I dwyllo'r gwirion ein bod ni a'n hiaith
O'r ddaear wedi cilio, fwy na heb,
'Run fath â'r deinosôr a'r dodo, 'waeth
Os nad 'ych chi'n ystadeg dy'ch chi'n neb.

Ond mae 'na un peth sydd yn gysur 'nawr
I ni wrth drefnu protest yn ein sêl
I leddfu effaith y camwri mawr,
Ac anfon E-bost cas i'r Western Mêl –
Os ŷm ni Gymry bellach yn hen grocs
Does neb ychwaith yn mynd i'n rhoi mewn bocs.

Dedfryd

*(Dedfrydwyd Marjorie Evans i gyfnod o
garchar gohiriedig ar gyhuddiad o daro
plentyn yn ei hysgol.)*

Y mae carchar yn aros
Pob rhyw athro rhagor os
I rhyw lowt y rhydd glowten –
Fe dynn y byd yn ei ben.

Does neb i fod gwastrodi
Epil di-foes ein hoes ni,
Waeth y rhain yw ffrwyth yr hil
A saif dros hawliau sifil.

Gwae i athrawes anwesu
Un o'r plant i drwsio'r plu
Wedi rhyw ddiddrwg ffrwgwd –
Sws bach i ddod dros ei bwd,
Waeth mae murmur cysur côl
I rai yn gamdrin rhywiol.

Aeth yng nghlorian yr annoeth
Gomon sens yn nonsens noeth.

Oeri'r Cawl

(Mae sôn bod un cwsmer yn bwriadu siwio
Macdonalds am iddo losgi'i geg â diod boeth!)

Mae Macdonald yn sgaldio – dy wefus,
A'i de fel dŵr siafio
O chwilboeth, annoeth yw o,
Ysywaeth rhaid ei siwio.

Gan na fyn ef addef i – wneud ei de
Â dŵr wedi'i ferwi,
Siwio'n awr yw'n dewis ni –
Neu aros iddo oeri!

Ewro

Gynnau roedd ganddo geiniog
neu ffyrlingod yn ei goden.
Nid mwyach. Na dimeiau
yn ei logell, na'r ambell rôt,
na'r 'tair' wythgornel felen
(na'r un wen o ran hynny)
yno chwaith na phisyn chwech.
Dim swllt chwaith na deuswllt. Dim
hanner coron rhagor na choron
na sofren na chweugen chwaith.

Diwygiwyd nhw'n 'pi' degol,
a'u henwau i gyd a aeth i goll –
geiriau doe'r geiriaduron –
a'u gwerth i gyd
ar unwaith i lawr i'r hanner
o'u lleihau'n y twyll hwnnw.

Rhoddai inni rwyddineb
yn ein syms, meddai'r sôn,
a dod ag undod i Gyfandir
o'i ddwyn yn nes i'r Bundesbank.
Hi oedd y geiniog a ddiweddai gynnen.

Ac yn awr fe gawn Ewro.
Ai gwawr aur ai rhogri arall?

'...y gwynt sy'n chwythu lle y mynno'

(Disodlwyd Slobodan Milosevich yn Iwgoslafia a chafwyd protestiadau am bris tanwydd ledled Prydain.)

Mae cyffro 'mrig y morwydd ym Melgrâd
A chedyrn mwya'r allt yn crynu i'w sail.
Mae grymoedd hyna'r tir yn ddinacâd
A storom Hydre'n fwy na chwymp y dail.

Yr awel wynt a siglodd frigau tal
Yn Warsaw, Mosco, Prâg a Bwdapest,
A chynnau cestyll braw, a chwympo wal
Berlin, a sgubo'r niwl o Bwcarest.

Ei diniweitiach chwaer a dagodd ffyrdd
A sychu pympiau olew gwlad a thre,
Pan welsom ein holl 'fynd' yn giwiau fyrdd,
A'r morwydd yn parablu rhybudd gre'
Mai da a doeth y gwnâi ein mawrion ni
I wrando neges ei sibrydion hi.

Y Ras

(am Arlywyddiaeth yr Unol Daleithau)

'Dau yn unig oedd yn y ras
tua'r Tŷ Gwyn yn camu'n fras.
Ond hyn
sy'n syn –
enillodd neb.'

'Dwyt ti ddim yn gall.
Os oedd un yn sefyll y llall,
a'r CBS a'r World Press
yn sgrechian GORE TO THE FORE
bob yn ail â BUSH PUSH,
dwêd i mi, bêb,
sut nad enillodd neb?'

'Gwna di dy sbort
am fy mhen i a'm siort,
waeth i ti heb,
enillodd neb.'

'Ond gwranda'r Ianci,
roedd 'na hanci panci,
a haid gwybodusion Stryd y Wal
yn gweiddi dros Siorsyn a gweiddi dros Al,
ac maen nhw'n dal
i gyfri o hyd
ar y ffordd i'r llys yn Fflorida.'

'Taw di a'th watwar tsiêp.
Thorrodd 'run ohonyn nhw'r têp,
'waeth yng Ngwlad y Rhyddid ni all
un dyn lai na bod cystal â'r llall.
Felly enillodd neb –
heb
–law gwŷr y cwils
  yn Beverly Hills.'

Miliwnêrs

(Enillodd gwraig filiwn o bunnoedd ar 'Who Wants To Be A Millionaire?' ac asiant Charlotte Church ddwy filiwn o iawndal mewn llys, a sawl un arall symiau dipyn mwy ar y Lotri.)

Os cêst i'r pymtheng cwestiwn – yr ateb
Reit er gwaetha'r tensiwn
Trwy ryw lwc, o'r treial hwn
Fe weli dithau filiwn.

Ac ym maes dy gomisiwn, – yn y cwrt
Os mai cân yw'r cwestiwn,
Os cêst ti gam, am a wn,
Dy faliw yw dwy filiwn.

Ac os daw, pan wrandaw-wn, – i fyny'r
Bêl fonws Nos Sadw'n
Yn dwyn fy rhif i, fe wn,
Mi elwaf o sawl miliwn.

'... a'r Arglwydd a lefarodd'

*(Cyhoeddwyd adroddiad yr Arglwydd Phillips ar
yr ymchwiliad i achosion BSE.)*

Deorodd yr ymchwiliad dau ddeg saith miliwn hwn
Ymhen deg mis ar hugain adroddiad manwl, crwn.

Rhifedi'r sêr o eiriau mewn pymtheng foliwm goeth,
Achos nid da cwtogi ar ddamcaniaethau'r doeth.

Tystiolaeth o San Steffan a Whitehall wrth y llath
'N agored a gwirfoddol na fu erioed ei fath.

Gwleidyddion a gwyddonwyr am unwaith yn gytûn,
A neb yn trio hogi ei fwyell fach ei hun!

Ai clwy y gwartheg lloerig oedd achos CJD?
(Gan ochel rhag awgrymu'r llythrennau brwnt OP *).

Ac er yr holl drylwyredd a'r holl groesholi maith
Fe lwyddwyd peidio â thyrchu i graidd y mater chwaith.

Ond fel y mae bob amser, mae cyfaddawd yn beth call
Rhag ofn i'r dafol ddisgyn un ochr yn fwy na'r llall.

Yng nghylchoedd y gwybodus a'r etholedig rai
Lle bo llawer yn gyfrifol does neb i gael y bai.

★Organophosphates

Troad y Dydd

Nawr lanciau – a llancesau – rhoddwn glod,
Mae amser gwell i ddyfod maes o law
Pan ddelo lleuad newydd ar dro'r rhod.

Pan na fydd Siân a Jenny'n sôn am law,
Na Michael Fish a'r lleill yn dangos siart
A'r eisobars fel dannedd crib o glos,
Na rhybudd gêl na llif na llydan ddart
Corwyntoedd o Dyddewi i Kinloss.

Pan na fydd Dilwyn Young yn addo bydd
Rhagor o grêps dros ryw ddiarffordd dwll,
Nac ennyd fach o haul tua hanner dydd
A'r gweddill yn cael mwy o dywydd mwll.

A phan ddaw'r dwthwn hwnnw'n ddigon siwr
Bydd ban ar olchi ceir, a phrinder dŵr.

Pryder

Mae'r Clwy am y cwm a'r clôs
A'i fwg yn hunllef agos
Hyd y wlad wedi'i ledu
Yn rhaff o dân, yn gyrff du,
Cyn cael amser, yn lle'r llall
I'w chlirio o'i chlwy arall.

Aeth amaeth yn ddisymud,
Mae'r llociau ar gau i gyd.
Cae mart heb gart ar ei gwr
Na pheiriannau na phrynwr
Yng ngwarchae cyfwng erchyll
Difater driger y dryll.

Rhag coelcerth y rhyferthwy
O ble daw ymwared mwy
I wlad? Ai rhaid fydd cloi drws?
Ai'n hyfory yw'r feirws?

Wrth Wylio Rhaglen Deledu

(Lle trafodid sylwadau Seimon Glyn)

Bu adeg rywbryd pan na feddem iaith
Na'r modd i rannu'n cwyn, y naill â'r llall.
Na'n barn na'n hofnau na'n gobeithion chwaith.

Ond gan bwyll bach fe ddaethom ni mor gall
Nes medru, drwy ryw ryfedd baradocs
Gael hwyl ar wrando rhywrai'n dod ynghyd
I dwistio ystyr geiriau ar y bocs
Nes cymryd hanner awr i ddweud dim byd.

Yn y Gymru sydd ohoni nid yw'n ddoeth
Mynegi'r gwir yn blaen, nac yn ddim lles.
Mae galw Baal yn bâl yn hiliaeth noeth
Ar adeg pan fo'r pôl yn dod yn nes.

Paid â galw wrth ei enw, gyda thi,
Na Sais na Chymro mwy, nid yw'n PC.

Cyngor i Gowntes

*(Daeth y Countess of Wessex i drafferth o
achos sylwadau honedig a wnaeth am rai
aelodau o'r Teulu Brenhinol.)*

Sophie, fe fyddai'n saffach
Bob tro i chi beidio, bach,
Â barnu Blair na Cherie,
Na'ch holl rai-yng-nghyfraith chi.
Yn anochel ble'r eloch
Bydd astud y byd lle boch.
Gofalwch, mae'r wasg felen
Uwch eich pyrth, caewch eich pen.

Na'ch twyller i ddim perig
Gan rhyw drwyngam sham o Shîc,
Ond cnowch eich tafod, ac na
Wamalwch am Gamilla
Na'i thywysog, waeth eisoes
Y mae sôn amdano'n does?

Fallai fod eich stafell fyw
Yno'n cuddio 'byg' heddiw
Ar y wal, neu ddirgel bry'
Yn eich soffa chi, Sophie,
Yn nodi'ch pob dywediad
Gan ei hau ar glustiau gwlad.

Rhowch chi fyth i'w drechu fo
Gelwyddau'ch gwala iddo.
Pob rhyw stori ffansïol,
Pob dychymyg ffug a ffôl,
A'r cleber rhwng y sêr sydd
A daenech ar adenydd.

Ond o raid, i gadw'r hedd,
Na rennwch y gwirionedd.

Dies Irae

*(Bu cryn drafod rhwng y Prif Weinidog â'i
'arbenigwyr' pa bryd i gynnal Etholiad Cyffredinol,
yn wyneb Clwy'r Traed a'r Genau.)*

Mae'r 'farchnad' ar i waered ym mhob man,
(Y farchnad arian papur, hynny yw)
Y Ffwtsi a'r Dow Jones, ac yn Japan
Mae'r llog i lawr i ddim y cant, wir Dduw.

Mae'r llenni'n dod i lawr ar draws y wlad
Mewn siop a thafarn ac ar ŵyl a sioe.
Serch pob rhyw eiriau mêl, serch pob crwsâd
Nid oes yfory i lawer, dim ond ddoe.

Mae mwg y goelcerth yn tywyllu'r nen
A'r holocost yn difa corn a charn,
A byd sawl enaid truan mwy ar ben
Yn hunllef llwyr anobaith dydd y farn.

A'r hyn sy'n poeni rhywrai, ar fy llw,
Yw pryd i gynnal pôl i'w mantais nhw.

Dim Ond Gofyn

'I beth mae eisiau lecsiwn, Mr B.
Ynghanol y trybini sy'n y wlad,
A blwyddyn eto i fynd o'ch tymor chi?
Pa eisiau'r ffws yn awr, yn neno'r Tad?'

'Yr oeddem eisoes wedi trefnu pôl
I gymryd mantais ar ein llwyddiant mawr
Cyn i ni gael y Clwy o dan gontrôl,
Rhag i'r economi fynd ar i lawr.

Dyna paham y rhoisom les y bobl
Eleni o flaen lles ein plaid ein hun.
Arweiniad doeth ac egwyddorion nobl
Yw motto Llafur Newydd, wir i ddyn.

Ac uwchlaw popeth, oni wyddoch fod
Y Jiwbilî y flwyddyn nesa'n dod?'

Nid yw'r Felin...

(Caeodd Cwmni Corus ei waith dur ym Mrymbo.)

Os cwyno yw pris Cynnydd, – a chorws
Chwerw hyd heolydd
Segurdod, pa syndod sydd?
Elw ni ŵyr gywilydd.

Troi'r Cloc

Roedd 'nawr' ddoe yn un ar ddeg,
Heddiw mae 'nawr' yn ddeuddeg.

Cymerodd dic o'm horiawr
I'm gwneud yn hŷn o un awr!

Brassi-'air'

(Dyfeisiodd rhywun 'froncysyllte' y gellir ei chwythu
i fyny – os bydd angen!)

Pan fo'r storom uwch ein pennau a'r cymylau yn crynhoi,
Ninnau'n gorfod crymu'n gwarrau heb fod gennym le i ffoi
Weithiau daw rhyw lafn o heulwen fel rhyw wyrth o rywle fry,
Ennyd fechan o ysgafnder i sirioli'r bygwth du.

Ac yng nghanol ein trybini uwchben lludw erch Y Pla
O fyd ffasiwn wele hanes am ryw newydd, wyrthiol fra
Fydd yn gymorth mawr i'r merched wneud yn fawr o'u
deunydd crai,
A dwyn achos ffeministiaeth yn fwy i'r Golwg, fel petai.

Gynt câi ambell ferch yr enw o fod yn llawn o wynt, yn fras,
Bydd yn ddwbwl fodlon bellach – gwynt tu fewn a gwynt tu fas.
A phan fyddo weithiau'n dristach yn sychu'i dagrau yn ei brat
Byddwn ninnau i gyd yn deall os yw'n teimlo braidd yn fflat.

Gynt lle byddai'n lledu adain i Awstralia i weld ei chwaer
Ni raid mwy ond mynd i'r garej os bydd eisiau newid aer.
Weithiau bydd fel pawb ohonom 'fallai'n teimlo braidd yn rwff
Ac yn achwyn 'fallai'i bod hi'n brin o wynt neu mas o bwff.

A beth os daw ffrynt o dywydd fydd yn croesi'r bryniau 'ntê,
Gwasgedd uchel yn y Gogledd, gwasgedd isel yn y De?
Gallwch gymryd cysur ferched, y mae gennych ffrind yn awr
Fydd yn codi'r gwan i fyny, nad yw'n gollwng neb i lawr.

Y Bigog Orgegog Ann (Robinson)

Gwnewch hi'n aelod llawn o'r Orsedd,
Rhoddwch iddi gerdyn SWS,
Rhoddwch gadair cwango iddi,
Gwnewch ohoni bob rhyw ffws.
Codwch hi ar eich ysgwyddau
Lan cyfuwch â Dewi Sant,
Fe wnaeth fwy o les i Walia
Na'n Cynulliad chwarae plant.

Ac yn goron eich addoliad
Rhowch hi i gwrdd â Seimon Glyn
Fel y gallont dynnu'r gorchudd
Oddi ar y llygaid hyn.
Cenwch iddi salmau llafar,
Rhoddwch iddi fri a chlod,
Man a man gweld lliwiau'r gelyn
Os oes brwydrau eto i ddod.

Hi yw seren ein tywyllwch,
Hi sy'n gwneud yn hollol blaen
Ble mae'r diffyg yn y deall,
Ble mae'r gwendid yn y tshaen.
Gwrthrych teilwng gwyrth y teli,
Seiniwch fawl ei henw hi.
Diolch iddi byth am gofio
Beth ŷn nhw a phwy ŷm ni.

Wrth Ddisgwyl ym Mhorth Tesco

(Biliwn o bunnoedd oedd elw Cwmni Tesco
am y flwyddyn, yn ôl y newyddion.)

Mae drws mynedfa'r biliwn,
Hwyr, bore a phrynhawn
Yn agor wrtho'i hunan,
A'r meysydd parcio'n llawn.
Ond styllod sy'n ffenestri
Y siopau cornel mwy,
Mae'r clychau wedi canu'r
Tro olaf iddynt hwy.

Mae silffoedd y digonedd
O bopeth hyd y fyl,
Y trolis oll yn llawnion
A llawnach fyth y tyl.
Ond allan yn y tywydd
Mae rhywrai'n byw yn fain,
A phreiddiau a buchesi'n
Mynd rhwng y cŵn a'r brain.

Esgyn mae elw Tesco
Fel toesyn yn y noe,
A'r bobiad erbyn heddiw
Yn fwy nag ydoedd ddoe.
Ond 'fedrodd neb wneud bara
Heb lefain yn y blawd,
Ac ni wnaeth undyn elw
Ond drwy golledu'i frawd.

'Mae'r Wlad Ar Agor'

Chi sydd ag arian yn eich cod
Sy'n dod o wledydd tramor,
Serch bod coelcerthi ar bob llaw,
Dewch draw, mae'r wlad ar agor.

Serch bod arwyddion i'ch nacáu
A phreiddiau yma'n farwor
A chaeau gweigion yma a thraw,
Dewch draw, mae'r wlad ar agor.

Mae'r doethion ar Newyddion Naw'n
Rhai parod iawn â'u cyngor.
Oni chlywsoch eu perswâd?
Mae'r wlad yn dal ar agor.

Daw i ni mwy ein bara a chaws
Yn haws ar draws y cefnfor
O'r gwledydd pell yn hynod rad,
Dewch draw, mae'r wlad ar agor.

Mewn oes sydd ar hamddena'n byw
Chi bellach yw ein trysor,
Er mwyn Rhif Deg, na lwfwrhewch,
Dewch, dewch, mae'r wlad ar agor.

Ein Stadiwm Mileniwm Las

*(Bu sôn y gallai'r Stadiwm golli'r hawl i gynnal
ffeinal Cwpan yr FA am nad oedd safon y maes
chwarae'n ddigon da. Beiwyd hynny ar fethiant
y to i gau, a chynigiodd Uri Geller ei agor.)*

Codasom deml y llynedd ar HP
Nad oes ei hafal, meddir, yn y byd,
Lle daw'n niferoedd archoffeiriaid ni
I weld (a chael eu gweld wrth gwrs) 'run pryd.
Ond dan ei fowltiau concrid hi y mae
Ysgerbwd rhyw hen gêm a garem gynt
Ac olion rhyw hen grefydd, fel petae,
Nad yw ond atgo bellach yn y gwynt.

A phenderfynu wnaeth yr W.R.uW
(Ar ôl ystyriaeth faith a dwys yntê)
Mai proffesiynol bellach ydoedd Duw,
A chael meseia newydd draw o'r De.
Siawns bydd yr atgyfodi'n fawr o ffys,
Ni raid di-doi y to i Lasarus.

Mae angen Alun Mabon yn y Bê
I godi daear las mewn anial dir,
Rhag ofn bydd cwpan ffeinal yr FA
Yn mynd i rywle arall – oes yn wir!
Efallai y caiff help swyddogion MAFF
Pan gân' nhw'r Traed a'r Genau dan gontrôl,
Waeth bydd yn broblem beth i'w wneud â'r staff
Pan na fydd praidd na buches mwy ar ôl.

Mae'n warth o beth fod stadiwm mor tip-top
Yn glotas ac yn dyllau drosti i gyd,
A bwlshit ddigon yno i godi crop
O borfa heb ei debyg yn y byd.
Os na all Alun Mabon setlo'r to
Siawns na all Uri Geller wneud y tro.

Gwyliau Tito

*(A dalodd ddwy filiwn o ddoleri
am drip i'r gofod)*

Ffarwel Torremolinos
A Thenerife a Phatmos,
Y gwyliau bellach, medde nhw,
Yw bwrw mas i'r cosmos.

Does angen specs gwahaddod
Na sgidie cerdded tywod
Nac eli haul nac ymbarél
Na thywel yn y gofod.

Does yno blant yn sgrechian
Na chŵn yn domi 'mhobman,
Na gwylan farus dan eich trwyn
Yn dod i ddwyn eich brechdan.

Ac yn lle rhyw ficini
Cewch oferôl o blastic,
A lle'r oedd sidell wellt o het
Cewch helmet eronotic.

Ond rhaid i chi gael ffortiwn
Er mwyn bod yn y ffasiwn,
Waeth ni chewch ddimai, gwaetha'r modd,
O newid o ddwy filiwn.

Etholiad

Mae'n lecsiwn am unwaith eto, 'chi,
A chanu mae'r pleidiau i gyd
Am i ni droi allan i fotio, 'chi,
I'w mantais eu hunain o hyd.
Amser i'w gofio oedd hwnnw gynt
A'r wlad dan fygythiad y Clwy
A'r cyrff hyd y caeau a mwg ar y gwynt,
Ond nid yw mor bwysig mwy.

Glywch chi nhw wrthi, yr un hen dwyll,
'Run addo, 'run celwydd, 'run sbin,
Fel pe baem i gyd wedi colli ein pwyll,
A'n hymennydd o faint clopa pin.
Fe gredem yn ifanc bod pwynt yn y peth –
Bod diben i'r groes yn y bocs,
Ond 'drychwch ble mynnoch, mae'u trachwant yn
dreth,
Mor ddrewllyd â hen bâr o socs.

Mae amynedd y werin yn dirwyn i ben
Atynt hwy'r etholedig rai,
Ac iaith ein llugoeredd yn prysur droi'n sen,
Ac arnyn nhw'u hunain mae'r bai.
A diau y byddant yn 'madael, 'chi,
Ar eu gwyliau drannoeth y pôl,
Fe fyddai'n drugaredd oni fyddai, 'chi,
'Tae nhw'n mynd, a byth yn dod 'nôl.

Maniffesto

*(Canfuwyd nifer o wallau yn y fersiwn Gymraeg
o faniffesto'r Blaid Geidwadol.)*

Rwy'n teimlo piti braidd dros Mr Hague
Yn holl embaras maniffesto'i blaid.
Nid ef yw'r un i'w feio, chwarae teg –
Roedd 'arbenigwyr' ar y job, mae'n rhaid.
Ond fel'na mae hi ers peth amser 'nawr,
Aeth, addysg, addysg, addysg yn go flêr,
Ac integreiddio'r ethnig yw'r peth mawr
Mewn gwlad mor frith ei phobl, i fod yn ffêr.

Ond o'r hyn lleiaf, mae ei dynnu'n ôl
Yn profi i rywrai'i ddarllen erbyn hyn,
Ac nad aeth hwn, fel gweddill llên y pôl
A'i addewidion gwag yn syth i'r bin.
Does bosib nad oes rhywfaint o Gymraeg
Yn awr ac yn y man, rhwng Wil a'r wraig?

Dadrith

*(Clyw-wyd cyhuddiadau o lwgrwobrwyo
a betio ym myd criced.)*

Mae criced yn llygredig
Ebe rhai, o'r bôn i'r brig,
A'r hen gêm yn grawn i gyd,
Yn wachul iawn ei hiechyd.
Waeth lle byddo betio bydd
Yno ryw gafflo beunydd.

Aeth rhagor yn ffiloreg
Ei 'i'r tîm' a'i 'chwarae teg',
A lle'r oedd ei gwisgoedd gwyn
Mae'i hen werthoedd mwy'n wrthun.

Yn barhaus bydd yn ein bron
I ni mwy ein hamheuon
Am gampau rhyw gemau gynt,
Ai eiddo'r bwci oeddynt?

Beth yw cael torch yr orchest
Heb yr hwyl o guro brest?
Aiff memrwn pob Lludw'n llwyd
Yn yr ennill a brynwyd.

Blaenoriaethau

(Arbedwyd bywyd Israeliad pan drawsblannwyd
iddo galon Palestiniad a laddwyd gan fyddin Israel.)

Unwaith yn unig ddoe y clyw-wyd sôn
yng nghyffro-gwneud y lecsiwn, am y peth.
Rhyw bwt bach 'quaint' i gloi'r Newyddion Deg
a chodi ein calonnau. Nid oedd chwaith
gyfeiriad ato'n y papurau 'trwm'
y bore 'ma. Dim nodyn bitw bach
mewn dalen gefn ddi-sylw, hyd yn oed,
i ddweud bod Palestiniad wedi'i ladd
gan yr Israeliaid.
         Fel mae gwaetha'r modd
ni fernir hynny yn newyddion mwy.

Ond roedd yr Arab hwnnw wedi dweud
cyn marw fod ei galon ef a'i iau
a'i lygaid a'i arennau i gyd i'w rhoi
at iws meddygaeth, fel y gallent hwy
efallai arbed bywyd rhywun claf.

A medrodd llawfeddygon yn y man
drawsblannu'r galon i Israeliad – gŵr
oedd gynnau'n un o'r 'gelyn'!
         Ond roedd gwyrth
o'r fath yn cyfri llai na byger ôl
ar y newyddion noson cyn y pôl.

'Fuost Ti Rioed Yn Morio...'

*(Ceisiwyd dwyn un o gerrig glas Preseli o Benfro
i Gôr y Cewri. Yn yr un wythnos honnodd gŵr iddo
nofio i Gymru o Iwerddon.)*

Buont ers mis yn fisi – yn cario
Carreg o Breseli,
Ond ysywaeth fe aeth hi
I'r môr, nid Côr y Cewri.

O Rosslare os yw'r fferi – i Wdig
Yn cael ffwdan croesi,
Â Guinness i'w ddigoni
Rhyw foe ddoe a'i nofiodd hi.

Salm Pedr Ddafydd

*(Gŵr o'r enw Peter David o gyffiniau Waunarlwydd,
a ddirwywyd am yrru car heb yswiriant; honnai fod Duw
wedi dweud wrtho nad oedd arno mo'i angen.)*

Yr Argwydd yw f'ymogel, ni bydd gwysiau arnaf.

Efe a âd i mi yrru ar drofeydd gwylltion, efe a'm tywys
gerllaw pob tywyll gornel.

Efe a'm dychwel mewn ysbaid, efe a'm harwain ar hyd
llwybrau cyflymder er mwyn fy enw.

Ie, pe rhodiwn o'r Glyn hyd y Bannau nid ofnaf damed,
canys yr wyt ti gyda mi, dy wialen a'th ffôn yw
f'yswiriant.

Ti a arlwyi Ford ger fy mron yng ngŵydd yr holl
gyfreithwyr, iraist fy men ag olew, fy ffiwel sydd lawn.

Dau Shoni'n ddidrugaredd yn ddiau a'm canlynant holl
ddyddiau fy mywyd, ond preswyliaf yn Waunarlwydd
yn dra dedwydd.

43

Siwrnai Gron

(Dychwelwyd 'Brymbo Man' i
Amgueddfa Wrecsam.)

Filawd a hanner cyn geni Crist
Y bu'n ei gist yn breuo.
Fe'i lladdwyd, siawns, â bwa saeth –
Y gŵr a ddaeth o Frymbo.

Ac aed â'i sgerbwd yn llawn ffydd
Lawr i Gaer-dydd i'w 'studio,
A phrofion lawer arno a wnaed –
Y gŵr a gaed ym Mrymbo.

Nes i Fanceinion aed ag e
Lle crewyd wyneb iddo
Nad oedd na newydd fawr iawn gwaeth –
Y gŵr a ddaeth o Frymbo.

Ac mwy yn Wrecsam caiff y byd
I gyd ryfeddu ato,
Y gŵr a fu'n ei gist yn gaeth
Yn ôl a ddaeth i Frymbo.

Wimbledon

Daeth drachefn yn bythefnos
I'r peli chwyrn-droelli dros
Y rhwyd mewn amal frwydyr.

Bydd yno gyhyrog wŷr
A'u Sianis proffesiynol
Yn hudo'r haid ar eu hôl
Unwaith eto i blesio'i blys
Am eu hufen a mefus
Ucheldrem y lawnt emrallt,
A'r pwrs hael a'r prisiau hallt.

Y bêl ar bob sianel sy',
Ennyd fer i'n difyrru.
Y bêl yw eu bywoliaeth,
I rwymyn gêm ry'm yn gaeth.

Wy

(Prynodd arbenigwr ar henebau o Furton ger Abertawe
ffosil wy deinosor i'w arddangos i'r cyhoedd.)

Filawdau maith cyn heddiw, meddant hwy,
Roedd deinosoriaid Asia'n dodwy mas.
Ac ym mhen mil blynyddoedd fe ddaeth wy
(Neu ffosil wy yn hytrach) un o'u tras
I'r golwg – mwy nag un a dweud y gwir –
Nes aethant, fel rhyw gerrig ar siâp pêl,
Yn bethau reit gyffredin yn y tir.

A phrynodd gŵr o Furton un ar sêl
A'i ddwyn yn ôl i Gymru i'w roi ar siew
I blant gael dod i'w weld a thynnu'i lun
Ac yn y blaen. Sy'n swnio'n sgêm go lew
I ddwyn ymwelwyr yno, a phob un
Yn arbed Abertawe rhag cael siom os
Bydd rhywrai'n cael llond bol ar Ddylan Thomas.

Cyfieithu

Yr oedd 'Homes for Sale' ar y post yn y berth
Ac odano, wrth reswm, 'Cartrefi ar Werth'

'Waeth nid yw'r farchnad yn gwybod lai
Nad yr un peth yw ystyr 'cartrefi' a 'thai'.

Cyrch Awyr

(Mae pâr o wylanod wedi nythu mewn corn simnai yn Weymouth, ac yn bygwth y trigolion yno.)

Mae'n anodd byw yn Weymouth bellach, gwlei,
'Waeth mae'r trigolion druain yno'n cael
Eu poeni gan ddau Guryll Cachu'n Cei,
A'u gobaith am ymwared yn bur wael.

Maen nhw'n deifio fel rhyw Stukas, os oes coel
Ar *Breakfast Special*, â'u hen bigau cas,
('N enwedig ar y rhai â phennau moel –
Mae'n beryg bywyd iddyn nhw fynd mas).

Mae'r Post Brenhinol, hyd yn oed, ar stop –
Nid bod hynny yn beth rhyfedd, dyn a ŵyr.
Nid Etna'n unig sydd yn chwythu'i dop –
Mae'r trêd twristiaid bron â pheidio'n llwyr.

Ond wnewch chi fawr o ddim â gwylan, sbo,
Sy'n dewis trio bod yn Jac-y-do.

Dau Gweir

(Graham Henry a William Hague)

Y Llewod yn dod o'r De
Yn waedrudd tuag adre
Ym mhen eu taith, siom yntê!

Ac fe fydd deunydd dannod
Fory nesaf, a thrafod
Sut aeth hi'n y cwest i ddod.

A'r Toriaid, wŷr truain,
Yn sgil y colli milain
I Lafur, yn wylofain

Wedi'u gwaethaf cyflafan,
A phlaid oedd mor awff o lân
Â'i chyllyll diolch allan!

Hawdd iawn, a hwy'n y ddunos
Anochel, i'r ddau achos
Yw bwrw bai ar y bos!

Wedi'r Prawf

(Jeffrey Archer)

Er goddef briw caethiwed, – fyth bythoedd
Ni waeth beth a ddywed
Pan fydd yn rhydd, pwy a'i cred
A'i air mor ddiymddiried?

Ond ag yntau yn euog, – onid yw'n
Dweud mor ddauwynebog
Yw oes a roes i'r fath rôg
Arglwyddiaeth mor gelwyddog?

Poeri Cerrig

(Cododd helynt ynghylch safonau beirniadu ymhlith aelodau y 'Cherry Pip Spitting Association'!)

A phoeri cerrig ceirios
Yn ddawn unigryw'n ddi-os,
O dipyn i dipyn daeth
Eu poeri'n bencampwriaeth.

Ond y mae pethau'n poethi'n
Y Swistir, meddir i mi,
A dadl sydd yn ennyn dig
Ym mhoerwyr yr Amerig.

Pwy yw'r cawr poerwr ceirios
O boerwyr byd, pwy yw'r bos?
A ph'un anrhydedd Guinness
Yn haeddu sydd, ai y Swiss
Ar Font Blanc, ai Ianc o ŵr
Pwerus o ben poerwr?

Mae eisiau tecach mesur
Ebe'r gŵr sy'n boerwr byr,
A boe hirach ei boeriad
Yn achwyn cwyn ei nacâd.
Y mae hwnnw'n dymuno
Sticio at y status quo.

Diau, yn gystadleuydd
Os ei di i boeri, bydd
Rhywrai fyth yn siwr o fod
Yn dy wddf – jyst fel steddfod.

Coffin

(Mae'r arch a lanwyd â ffurflenni
protest y Cyfrifiad wedi'i cholli.)

Dechreuodd tua'r deau
O Wrecsam ar ei thaith,
I'w llenwi â ffurflenni
Heb arnynt focs i'r iaith,
Ond Ow'r rhyfeddod mwyaf oll –
Yn awr mae bocs y bocs ar goll.

I lawr drwy Aberystwyth
A Llanbed a mynd drwy'r
Canolbarth gan gael eto
Ffurflenni mwy na mwy,
Ond nid yw'n hawdd cael angladd sbo
Lle byddo'r arch yn mynd ar goll.

A daeth i ben ei theithio
Yn orlawn yn y De,
Ond nid oes neb yn gwybod
Ble mae, yn Cardiff Bê.
Bydd rhaid i Gymru dalu'r doll
Gan nad oes sinc o'r coffin coll.

I Fererid

Hogiau diolwg ddigon
Ddoe oedd ein beirdd yn y bôn.
Llai na hyll, fallai'n hollol,
Ond eu bod o hyd â bol
A chest lled fasochistaidd
Ac yn brin o egni braidd.
Ni bu'r rhai oedd ar y brig
Gynnau yn ffotogenig.

Nes yn Ninbych yn uchaf
Wele roi yng Ngŵyl yr Haf,
I fonllef o hwrê frwd
Y siapus Fissus Hopwood
(Diolch i feirniaid diwyd
A ŵyr be' yw be'n y byd
Barddonol – beirdd eu hunain,
A thriwyr doeth ar y diain!)

A chadeiriwyd merch serchog
A'i gwedd cyn lonned â'r gog,
Am storom na wyddom ni
Y dynion ddim amdani.

Hi yw awen y fenyw
Wrth agor bedd, wrth greu'r byw,
A hi i lên yw'r awel iach
Na allwn hebddi bellach.

Hi yw rheswm ein traserch,
Hi yw ein mam, hi ein merch.
Mererid yw'n ie'nctid ni,
Hi yw dawn ein dadeni.

Newyddion o'r Dwyrain

Yn Israel mor wael yw'r hin,
Ymdaro mae dwy werin
Lle mae hen, hen elyniaeth
Yn trigo i wneud drwg yn waeth.

Un lladd yn dial y llall,
Un marw am wae arall
Yn ofer gylch-y-diafol
O wylo nes talu'n ôl.

Mae i ddyn gael dant am ddant
Yn ddiwedd ar faddeuant,
A'i ddyled o ddialedd
A erys fyth dros ei fedd.

Bandiau Pres a Chorau Meibion

Mae'r chwarel yn Neiniolen wedi cau,
Yn Llithfaen ac yn Nhrefor yr un fel,
Ac mwyach mae ffon fara'r pecyn pae
I lawer wedi peidio â bod ers sbel.

Mae'r olwyn wedi aros uwch y pwll
Mewn llawer Llan ac Aber yn y De,
Ac nid oes yno ond segurdod mwll
Lle unwaith bu prysurdeb lond y lle.

Ond dewch chi, mewn rhyw festri gyda'r hwyr
Bydd nodau gloyw offerynnau'r band,
Neu leisiau, na fu i'r llwch eu tagu'n llwyr
Yn seinio eto'u harmonïau crand.

Mae'n profi'r hen wirionedd, onid yw,
Nad ar fara'n unig y byddwn byw.

Ar y Map

(Rhoddwyd y contract i ail fapio caeau
Cymru i gwmni o India.)

Bydd gofyn mynd i India yn y man
I gael map o Walia,
Does dim dynion digon da
Yn ddiamau'r ffordd yma.

Hwyrach fod cynnig Iger a'i weision
Yn isel o dender,
Heblaw bod ein meistri blêr yn fechgyn
A fyn warafun pob gwario ofer.

A ph'un bynnag, mae'r saga'n golygu
I hiliogaeth India
Yn wobrwy ddeugeinswydd dda
Nad ŷm am eu gweld yma.

Cân y Pum Mil

('We are at war.' – YR ARLYWYDD BUSH)

Ni, bethau sy dan boethwal – y rwbel
Lle bu'r rhaib diatal,
Ni'r rhai mwy sy'n farwor mâl –
Nid ni sy'n dewis dial.

Chi'r rhai byw sy'n chwerwi'r byd, – chi yw Duw
A chi y diawl hefyd.
Ni wna'ch propaganda i gyd
Mo'r meirw mwy i ymyrryd.

Os am gael hedd, ymleddwch; – i godi'r
Gaer gadarn, distrywiwch.
Bydd y rhai sy'n llai na'r llwch
Yn rhydd o'ch barbareiddiwch.

Ewch eto'n ddycnach ati; – drwy y bom
Y daw'r byd i sobri.
'Mlaen yr ewch, ond na wnewch ni
Yn esgus dros ei losgi.

Prifddinas

(Mae Caerdydd am fod yn Brifddinas
Diwylliant Ewrop 2008.)

Os yw trigolion Ewrop am gael tre'
I'w holl ddiwylliant yn brifddinas fod,
Ni all fod unrhyw ddowt – Caerdydd yw'r lle,
Ac iddi hi bo'r parch a'r bri a'r clod.

Ac er bod Bryste a Lerpwl yn y ras
Does ganddyn nhw dim siawns, na Gateshead
chwaith,
Na Bradford na Manceinion na Belffast,
Waeth does gan rheiny i gyd ddim ond un iaith.

Does ganddynt ddim Cynulliad yn eu mysg,
Nid ŷnt yn fannau cerdd a chelf a llên.
Does yno ddim traddodiad moes a dysg
Na Goodway o wladgarwr na Mr Kane.

Ac fel y dywed pobl Penfro a Llŷn,
Un amcan sydd i arian Amcan Un.

Iaith

(Roedd wythnos diwethaf yn Wythnos Ddysgu
Cymraeg yn y 'Western Mail'.)

I amryw o'n cyd-Gymry mae'r heniaith
Mor anodd ei dysgu,
Ond drwy'r sawl anhawster sy'
Fe gân' Wlpan i'w helpu.

Trwy galedi'r treigladau'n y diwedd
Y deuant fel ninnau,
O'i harfer hi i fawrhau
Ym mhen dim ein hidiomau.

Ei siarad yw'r ramadeg, y wefus
Lafar ydyw'r coleg,
Onid yw, yn ara deg,
Afrwyddair yn troi'n frawddeg

Yn arwain at un arall, a hwyl fawr
Ar lefaru diball.
Fe ddaw llwydd o wall i wall
Yn y diwedd â deall.

Chwilen

(Ymateb i eitem o newyddion)

I'r Fforest Newydd, meddai'r radio,
O wledydd poethach wedi mudo,
Erbyn hyn
Mae cachgi bwm a bola melyn
A blaen ei gwt yn wyn.

Ac yno mae, yn ôl y niws,
Yn saco'i ben i fysedd piws
Y Clatsh y Cŵn a byw yn fras,
A'i gwt bach gwyn yn sticio mas.

A bydd, chwap iawn, os oes ganddo fissus,
Yno luoedd o gachgi bwmsus
(Neu gachgwn bwm, os yw 'nghystrawen
Rywfaint yn well nag yw fy awen).

Ac mae hyn i gyd, yn ôl y sôn,
Am fod twll lan fry yn yr haen osôn,
Nes bod y byd yn cynhesu'n ara'
A chwilod sy'n arfer byw'n y Sahara
Yn y Fforest Newydd erbyn hyn,
Fel y cachgi bwm a'r bola melyn
A blaen ei gwt yn wyn.

Rownd Abowt

(Bu trigolion Aberteifi ers blynyddoedd yn ymgyrchu i gael cylchdro ar gornel Tesco lle bu llawer damwain; yn ddiweddar codwyd un hardd ym Mlaenannerch i fod yn fynedfa i Barc Technoleg y gobeithir ei weld yno yn y dyfodol pell.)

Mae pentre bach Blaenannerch yn fodern does dim dowt,
Lle unwaith bu ffordd union bu'n rhaid cael rownd abowt
Nad yw yn mynd i unman, na throi i'r chwith na'r dde,
Gwaith Cyngor Ceredigion a'r Cynulliad yn y Bê.

Mewn Mann* bach reit addawol ar bwys yr erodrôm,
Gwerth tri chan mil a hanner sy jyst 'run siâp â'r Dôm,
A cherrig du a gwynion o amgylch iddo'n frith
Rhag ofn bydd rhywrai fallai yn gyrru rownd o chwith.

Ond rhaid yw dweud, mae'n bleser ei weld e wedi nos
A'r lampau i gyd yn olau fel coeden Santa Clôs
Yn sgleinio ar arwyddbost gyda'r harddaf fu erio'd
Sy'n pwyntio at Barc Technoleg nad yw e ddim yn bod.

Ar fryn yn Sir Gaerfyrddin fe gododd Paxton dŵr
Pan oedd o ennill lecsiwn yn teimlo'n ddigon siwr,
A rhwng y sgwâr â'r Gwndwn, fe ddywed ambell un,
Bellach mae gan Flaenannerch ei *folly* fach ei hun.

Os ŷn nhw'n Aberteifi am rownd abowt i'w rhoi
Ar gornel peryg Tesco i mewn i'r dre i droi,
Lle buont yn gofidio ac yn protestio'u siâr
Os don' nhw i Flaenannerch mae yno un yn sbâr.

*enw'r 'datblygwr'

Deddfau Ewrop

(Mae'r Gymuned Ewropeaidd yn argymell
cyfyngu oriau gwaith gyrrwyr tractorau i
ddwyawr ar y tro.)

Ti sydd ar orsedd esmwyth
Dy dractor hyd yr hwyr,
Rhag i'r cryndodau cyson
Ddryllio dy gefn yn llwyr,
Mae Ewrop am dy atal nawr
Rhag gyrru rhagor na dwy awr.

Na hidia ddim os byddi
Ar hanner troi dy gae,
Mae fory c'yd â heddiw,
Gad iddo fel y mae.
A'r glaw yn dod, a'r gwair ar lawr,
Na weithia ragor na dwy awr.

Mae angen gorffwys arnat,
Go brin fod angen dweud,
Fel bo gan ddoethion Brwsel
Rywbeth gwerth chweil i'w wneud.
P'un a wyt gorrach neu ynte'n gawr
Eithaf dy dalcwaith fydd dwy awr.

A phe dôi Alun Mabon
Heddiw yn ôl i'r glog
Eto fel cynt i ganlyn
Ei arad goch a'i og,
I beth y codai gyda'r wawr?
'Chai e ddim gweithio ond dwy awr.

Iestyn

(Sgoriodd Iestyn Harris un ar ddeg ar hugain
o bwyntiau yn ei gêm gyntaf i dîm Caerdydd
yn erbyn Glasgow ac mae sôn mai ef fydd
maswr Cymru'n fuan iawn.)

Iestyn yw dyn y funud.
I broblem ein gêm i gyd
ef yw'r ateb – ei debyg
i lawr ni ddenwyd o'r League
yn ôl y Wasg. I'r holl wlad
ef ydyw'r Ail Ddyfodiad.

Tri deg un i'r traed gwynion –
y mwya' rioed, gwyrth ymron!
Miniog ei daclo mynych,
pwysau'i gic a'r pasio gwych,
ac am fylchu ni bu neb
â'i ddawn na'r fath rwyddineb.

Ond mae tasg fwy na Glasgow
heb os yn ei aros o
i adfer y ddraig ledfyw
a'i thîm hwn o farw'n fyw.
A ddichon clodydd uchel
dyfu i gnwd? Fe gawn weld!

Ffasiwn Newydd

*(Cynlluniodd merch o Gaerdydd dei â sip iddi
i wneud ei gwisgo'n haws.)*

Bu unwaith yn gryn ffwdan gwisgo'n smart –
Styden ymlaen ac ôl, a 'fallai sham
Dros y crys gwlanen streip, a choler starts
A'i ddeubig main yn cau fel pinsiwrn am
Yr afal breuant (rhag ei golli, gwlei).
Ac wedi llawer o fustachu trwm
A thipyn bach o lwc fe fyddai tei
Fwa, neu laes, yn dal pob peth ynghlwm.

Ond, fel sy'n gweddu i oes sy'n ddigon doeth
I deithio hyd y lleuad ac i'r sêr,
Fe lwyddodd merch, drwy ei dychymyg coeth,
Roi pen ar holl arteithiau gwrwod blêr.
A bloeddio mae'r ddynoliaeth mwy, 'Hip, Hip,
Hwrê, mae gennym bellach dei â sip'.

Tair Eitem o Newyddion

(Bod Sgod a Sglod gorau'r wlad ym Mhwllheli;
bod Vinny Jones yn ymddeol, a bod rhai byr o gorff
yn fwy tueddol at glefyd y galon.)

Fe glywais i sôn ar y teli
Bod y Taliban wedi'u cornelu
Draw acw yn Kabul,
A phwy fuasai'n meddwl –
Mae 'na rai'n cael eu tships ym Mhwllheli!

Os cywir bod Vinny'n rhoi fyny'r
Cae ffwtbol o'r diwedd, mae'n biti
Na fuasai rhyw sgêm
Iddo newid ei gêm –
Mae'i angen e ar Graham Henry.

Yn ôl rhyw ymchwiliad a wnaed
Gan rywrai i ffrydlif ein gwaed
Mae peryg i'r byrion
Gael clefyd y galon.
Am fod honno'n rhy agos i'w traed?

Harry Potter

Mae arwyr newydd bob rhyw hyn a hyn
Yn dod i ddal dychymyg y to iau.
Cynnyrch athrylith ddistaw'r rhai a fyn
Fod y cyfarwydd ynom i barhau.
Y rhai a ŵyr fod gennym lygaid oll
A wêl tu hwnt i'r llygaid hyn o gnawd,
A dangos inni y baradwys goll
Sydd ynom bawb yn cyfoethogi'n rhawd.

A phan ddaw torf teicwniaid ffilm a fidio
I'w prynu a'u haddasu 'er ein lles',
Megis y gwna gwareiddiad nad yw'n hidio
Am fawr o ddim byd arall ond y pres,
Diolch fod gwyrthiau'r sgrifenedig air
O hyd yn drech na'r holl 'gonffeti ffair'.

Drama'r Castell

(Unwaith eto cododd yr hen ddadl ynglŷn ag adfer Castell Aberteifi.)

Dramatis personae:
Yr Arglwydd Rhys : y perchennog gwreiddiol,
Miss Wood : y perchennog heddiw,
Brian Rees : ei chynrychiolydd cyfreithiol
a Cheidwad yr Allwedd.

Be' 'di cost arbed castell
Dan iorwg i olwg well –
Cyweirio'i dyrrau cywrain
A chlirio'i drwch o lawr drain?

Pa ryw hyd mwy y parhâ
I falurio'n adfail ara',
A chaer Rhys a'i henllys hi
I fod dan ddwy safati?

Erioed mae'r Coed a'r Cadw
Yn gyndyn o'u helpu nhw
A fynnai'i weld ef yn ôl
Yn uniad â'r gorffennol.

Ac os araf fu'r trafod,
Yn ddi-au mae mwy i ddod:
A welir adfer lle'r llall
Drwy siarad â'r Rees arall?

Hon

*(Daw cytundeb Cwmni Hon i ben
ddiwedd y flwyddyn.)*

Aeth blwyddyn arall heibio
Ac fe ddaw Hon i ben –
Y dydd yn tynnu ato
A gostwng arni'r llen.
Ond wedi'r celyn a throi'r rhod
Siawns nad oes arall fel Hon i ddod.

A'r adar wedi mudo
I chwilio am yr haul,
Bydd rhai'n eu hen diriogaeth
O hyd yn bwrw'r draul,
Ac ambell dderyn tlws ei fron
Yn dal i gadw'r cof am Hon.

Ond fe ddaw Calan arall
A'i addunedau i gyd,
A'i hiraeth am ei echdoe
A'i gyfle yr un pryd,
Ac erbyn i'r haul droi siwrnai gron
Bydd y flwyddyn newydd honno'n Hon.

Nadolig

Y clych yn galw'n uchel, – a hogyn
Yn agor ei barsel
I nodyn hud y Noël
Yn y rhew ar yr awel.

Er gwaetha'r llanast plastig, – a discord
Ei esgus o fiwsig
A'i eira ffals a'i stryffig,
Mae'n dal i mi'n Nadolig.

Ar Ddechrau Blwyddyn

Sgwn i be' sy gan y byd – i'w gynnig,
Ei gân ynte'i dristyd?
Ond siawns na fydd ef hefyd
Yn siprys cymysg i gyd.

Hoffwn wneud siew'n Nhyddewi, – a leiciwn
Gael lwc ar y Lotri.
Ond dyna! Fe gymraf fi
Ddwy fil dwy fel y daw-hi.

Tŷ Glas

*(Bu tŷ wedi'i baentio'n las yn creu
helynt yn Hwlffordd.)*

I'r neb a deithiodd Gymru
Mae'n debyg, onid yw,
Y gwêl o bryd i'w gilydd
Gartrefi o bob lliw?
O Fôn i Fynwy nid yw'n syn
Os yma a thraw y gwêl Dŷ Gwyn.

Mae ein pentrefi bellach
Wedi'u haddurno'n dlws,
A balchder yn cystadlu
Ar ffenest, wal a drws,
Ac weithiau, dim ond canu'r gloch,
Fe gaiff fynediad i Dŷ Coch.

Mae'r cerrig wedi'u cuddio,
A'r gwyngalch nid yw mwy,
Mae lliwiau y 'ci blewog'
Wedi'u gweddnewid hwy.
A hiraeth mewn sawl bron a gwyd
Am hen ogoniant Plas Tŷ-llwyd.

Ond lawr ar lannau Cleddau'n
Ddiweddar, meddai'r si,
Mae'r dyfroedd wedi'u trwblu
Rhwng ei cheulannau hi.
Mae helynt wedi torri mas –
'Dyw Cyngor Hwlffordd ddim yn las.

Brawd Mygu...

*(Clywsom fod yr Arlywydd Bush ymron
â thagu wrth fwyta pretsel.)*

Fe lyncodd ryw ddanteithyn
A hynny heb ei gnoi,
Ac am ryw hanner eiliad
Peidiodd y byd â throi.
Arlywydd yr Amerig fawr
Yn ddiymadferth ar hyd lawr!

Nemesis al-Qaeda
Ac arswyd y Taliban,
A heliwr taer Bin Laden
Wedi'i ddal ar ennyd wan.
A dim ond cysur ei ddau gi
I warchod ein gwareiddiad ni!

Ond buan y dadebrodd,
A chyn pen fawr o dro
Roedd eto o flaen camera
Yn cynnal y status quo,
A dim ond arlliw llygad ddu
Yn atgof am yr hyn a fu.

Dameg y Talentau

(Gweinidog yn y Mwmbwls yn rhoi benthyg
decpunt yr un i gant o'i aelodau i'w buddsoddi i
chwyddo'r gronfa atgyweirio.)

Megis y rhoddodd gŵr ym Matthew gynt
I'w weision o dalentau bob o bump
Er mwyn eu hamlhau, wrth droi i'w hynt,
I sicrhau ei eglwys rhag ei chwymp
Wele, y bugail hwn i'w braidd a roes
Ddecpunt yr un, gan eu hargymell hwy
I elwa ar ddiafol gwanc ein hoes
A chwarae'r farchnad stoc i'w gwneud yn fwy.

Hwyrach bydd rhai yn y Lotri'n rhoi eu ffydd,
Yn Enron neu Marconi eto rai,
A'u doethach fallai mewn cwmnïau sydd
Yn talu ar eu canfed, fwy neu lai.
A thestun bore'r Sabbath fydd y sôn
Sut hwyl sydd ar y Ffwtsi a'r Dow Jones.

Ji Geffyl Bach

(Mewn ras neidio yn Southwell cwympodd y saith ceffyl a gychwynnodd, ond ail-fowntiodd un joci, gorffen y cwrs, ac ennill.)

Ji geffyl bach yn cario ni'n saith
Dros y clwydi a'r siwrnai yn faith,
Dŵr ar y ddaear a'r ffensus yn gas,
Gwympon ni'n saith – wel dyna i chi ras.

Cwyd geffyl bach a saf ar dy dra'd,
Cocia dy glustie, anghofia'r sarhad.
Bola yn gaglau, egwydydd yn dost –
Ji geffyl bach bob cam at y post.

Anthem

(Mae pedwar aelod o Gôr Meibion Hwlffordd wedi'u diaelodi am ganu geiriau 'Baa Baa Blacksheep' i alaw 'God Save the Queen'.)

Dywedant mai lle cantor – yw canu
Cân i Cwîn yn Hwlffor',
Neu oddef, ar egwyddor,
Heb ddim dowt gic owt o'r côr.

Yng Ngwalia ni ddylid canu – geiriau
Gwirion i amharchu'r
Anthem hon, waeth mae hynny'n
Sarhad – ar y ddafad ddu.

Marw Tywysoges

Ni ŵyr galar gywilydd, – daw i dlawd,
Daw i Lys y cystudd.
Yr un yw briw y fron brudd,
Run yw'n galar â'n gilydd.

Garbej

*(Galwodd y Prifweinidog yr helynt a gododd yn
dilyn cwestiynau Adam Price yn Garbagegate.)*

Mae sibrwd fod rhyw ddrewi yn y caws
O gylch Rhif Deg. Rhyw wleidydd bach, yntê
Wrth syrffio'r rhyngrwyd wedi dod ar draws
Cofnodion am rhyw lythyr ar y wê
Yn dweud bod ein dilychwin Mr Blair
Yn gwahodd ambell gildwrn – dim byd mawr –
Miliwn a chwarter gan rhyw biliwnêr
I gadw Llafur Newydd rhag cau i lawr.

Wrth gwrs, dyw hynny ddim yn cadarnhau
I Mittal brynu ffafor – dim yt ôl.
Ond gan taw sut, mae Corus wedi cau
O achos rhywbeth sydd yn 'garbej' ffôl
Yn ôl ein Prifweinidog ni. O, wel,
Efallai'n wir mai dyna beth yw'r smel.

Ded-fryd

(Pan wysiwyd gŵr o Fflint i lys yn yr Wyddgrug
darganfu ei fod wedi marw yn ôl cofrestr y CPS.)

Pan frysiodd bonheddwr o Fflint
I'r Wyddgrug yn fyr iawn ei wynt
Gohiriwyd y mater,
'Waeth ar y compiwter
Bu farw beth amser yng nghynt.

Ac fel sydd o'r gyfraith yn deilwng,
Dros dro ca'dd yr achos ei ollwng,
I gyfreithwyr y Goron
A'r clerc a'r ynadon
A'r tystion gael mynd i'r cynhebrwng.

Ond 'waeth pa mor drwm y bo'r groes,
Mae lle ganddo i ddiolch, on'd oes?
Oni bai am dechnoleg
Ein cyfrifiadureg
Fe allai gael carchar am oes.

God Bless America

(Geiriau a welir yn fynych bellach ar hysbysfyrddau Efrog Newydd)

Os wyt Ti'n Affganistan, – ac ym mysg
Y meirw ym Manhattan,
A rhu'r gynnau ar Ganaan,
Ai Ti yw Crist y Koran?

Blaengarwch

(Darganfuwyd nad yw Cyngor Merthyr, drwy amryfysedd, mwyach yn gyfansoddiadol.)

Pob clod i Gyngor Merthyr
Am fotio'u hunain mas.
Eled sawl cyngor arall
I wneud 'run fath, ar ras.

Carreg y Gloch

(Dywed traddodiad fod carreg ar Gaer-meini yn y Preselau sy'n canu fel cloch pan drewir hi. Ai dyna'r esboniad ar enw pentref Maenclochog islaw?)

Y mae maen ar Ga'rmenyn, – o'i daro'n
Cadw i yrru nodyn
Fel rhyw gloch o'r foel i'r glyn
Yn cyrraedd i Gwm Cerwyn.

Twyll
(a hithau'n dymor wyna unwaith eto)

Y benddu'n dynn ei chader
Yn lluo llawr ei brych,
A sgerbwd wedi'i flingo
Yn hongian yn y gwrych,

A phenddu bychan bolwag
Yn gwisgo cot ail-law
O'i war i fôn ei gynffon
I'w gadw rhag y glaw.

Chwedl o Geredigion

Roedd unwaith ŵr a gadwai wenyn. A
Sylwasai fod ei heidiau yn prinhau
Yn ara bach – rhai'n hedfan dros y ffin
I fela a gado'i gychod ef i rai
O bell. A dwyn dysgodron penna'r wlad
Ynghyd a wnaeth efe, a'u holi hwy
Pa fodd y medrai ddenu'r heidiau'n ôl?

Ac wedi hir fyfyrdod meddent, 'Dos
I godi mwy o gychod. Taena fêl
A siwgr ger eu dorau yn yr haul
I ddenu gwenyn newydd. Cyfod fwy
I gynnal eto'r cynnydd, hyd nes bod
Codi a chlymu lawer yn dy dir'.

Hynny a wnaeth efe. Ond yn eu plith
Roedd gwenyn meirch ac ambell gachgi bwm
Ac eto eraill oedd o duedd gas
Na felent ddim, a'i fwg yn eu styfnigo
Fwyfwy, ac myn diawch fe ga's ei bigo.

Cyfraith a Threfn

(Dygwyd plentyn i'r llys yng Nghaerdydd
am y canfed tro. O fewn awr yr oedd yn
troseddu wedyn.)

Crwtyn deg i'r cwrt yn dod
Yn beryg bro yn barod,
A'r fainc yn ei gyfrif o'n
Rhy ieuanc i'w ddirwyo.
A rhaid fu'i ollwng yn rhydd
Â gair neu ddau o gerydd.

Ym mhen awr y mae'n ei ôl
Ar ei fwriad arferol,
Ac fel y bu'i ran ganwaith
Yn rhydd heb na cherydd chwaith
Na'r un gair edifeiriol.

Gwae ni ein proffwydi ffôl,
A gwae wleidyddiaeth gywir
Sy'n gwrthod gwybod y gwir.

Marathon

*(Gorffennodd Tudur Dylan farathon Llundain
mewn tair awr, pum deg chwe munud
a deuddeg eiliad ar hugain.)*

Nid ennill sy'n dy dynnu, – nid y tâp
Ydyw tâl d'ymdrechu
Na mwynhau bonllefau'r llu,
Ond y boen yn dibennu.

Yn dy erbyn dy hunan – y rhedaist
Yr ystrydoedd, Dylan,
Pan oedd y milltiroedd tân
Yn arteithiau i'r tuthian.

Dy ludded fydd dy fedal, – a dygnwch
Dy egni'n dy gynnal
Dy hun yn erbyn y 'wal'.
Trïo, a dod drwy'r treial.

Craig Goch

*(Soniwyd yn ddiweddar am godi argae enfawr arall
yn y Canolbarth i gyflenwi rhagor o ddŵr i Loegr.)*

Os oes rhaid cael reserwâr, – yna Ni
Ddylai wneud y darpar,
A Ni, os bydd dŵr yn sbâr, ddylai fod
Yn elwa o ddiod hael y ddaear.

Cofied Blair Gwm Tryweryn, – a rhai doeth
Caerdydd Gapel Celyn.
Ein heiddo ni'r rhoddion hyn,
Nid i'w rhoi'n rhad i rywun.

Os ydyw'n iawn i Saudi – ar elw'r
Olew gyfoethogi,
Trefnodd rhagluniaeth roddi
Eu holew nhw'n law i ni.

Trafnidiaeth

Mae gormod o foduron yn y wlad,
A'n traffyrdd, meddir, bron â stopio'n stond.
Mae'n bryd gwneud rhywbeth drastig, neno'r Tad,
'Waeth ni ddeil unrhyw fasged fwy na'i llond.
Yr ateb, yn ôl rhai, yw basged fwy –
Helaethu'n traffyrdd a'n heolydd oll
A rhoddi brêc ar gynnydd traffig drwy
Glustnodi mwy o dir i lonydd toll.

Ond (ar wahân i wleidydd y ddau Jag)
Oes rhywbeth sydd yn sacrosanct mewn car?
Ac onid cystal fyddai i ni, rhag
Difetha ffermydd a gwastraffu tar
Roi cwota ar foduron, yr un fath
Ag ar gig eidion, ŷd, cig oen a lla'th?

Cadw Dy B—i Tships

*(Yn yr un wythnos ag y cyhoeddwyd bod cocos
Pen-clawdd yn rhydd o docsin gwenwynig,
honnwyd bod sglodion tatws yn cynnwys
acrylamide a all achosi canser.)*

Yn y cocs ddoe roedd tocsin, – a'u bwyta'n
Verboten i'r werin.
Heb y rhain roedd gwaith yn brin,
A gwag oedd bwrdd y gegin.

Ond heddiw – haleliwia, – maen nhw'n iach,
Maen nhw'n iawn i'w bwyta,
A Phen-clawdd ar hinsawdd ha'
Yn ei ôl yn eu hela.

Ond os yw'n gwybodusion – yn eu rhoi'n
Rhydd o bob amheuon,
Cawsom wybod mai sglodion
Yw'r Achos yr wythnos hon.

Lleidr

(Carcharwyd gŵr ar gyhuddiad o 'ddwyn' peli oedd wedi'u colli mewn llynnoedd ar wahanol gyrsiau golff.)

O dan y llyn a'i thonnau
Fe gollwyd llawer pêl,
A'r gŵr a fu'n eu chwilio
Yn gorwedd yn y jêl.
Drwy ryw gyfreithiau ofer
Ac amal ergyd strae
Mae ef yn awr mewn dyfroedd
Sy'n ddyfnach, fel petae.

Pan fyddai'r glaw'n pistyllio
A'r gwynt yn chwythu'n gas,
A golffwyr gorau'r gwledydd
A'u hannel rywfaint mas,
Roedd ambell reg i'w chlywed
O enau'r glewa'n dod,
Ac ambell bêl yn disgyn
Mewn man na ddylai fod.

Ond pan f'ai'r hin yn dawel
Heb grychyn ar y don
Roedd gŵr yn bracso'r dyfroedd
Lan hyd ei wddwg bron,
A'i fysedd traed yn teimlo
Am beli yn y llaid,
A'u codi wrth y dwsin –
Gwerth ffortiwn, y mae'n rhaid.

Chi'r golffwyr sy'n dioddef
Clefydau'r *fade* a'r *hook*,
Daliwch i fwrw'r ffortiwn
I mewn i'r llyn, â lwc,
Mae'r gŵr sydd yn y carchar
Yn dal i weld, rwy'n siwr,
Mewn breuddwyd eto'r peli
Fel perlau dan y dŵr.

Cwicsands

(Mae tywod rhai o draethau enwocaf Sbaen
wedi'u golchi i'r môr ar dywydd garw.)

Fe gawsom dywydd garw, mwy na'r norm,
A sgubodd bob tywodyn mas i'r bae,
Gan adael llawer traeth ar ôl y storm
Yn gerrig noeth a graean. Felly mae
Jac Codi Baw a lorri wrthi'n awr
Yn cywain llwythi lawer yn ei le,
Rhag ofn i'r rhif ymwelwyr fynd i lawr,
A ninnau golli'n henw da, yntê.

'Waeth wedi'r cyfan, gwyddom eich bod chwi
Am rywbeth yn eich brechdan heblaw caws,
A'ch cŵn am rywle i wneud eu hych-a-fi,
Heb sôn am byrcs i redeg ar ei draws.
Cewch yma haul a môr at chwaeth pob un,
A drygs (a'r llall!) — ond dewch â'ch swnd eich hun.

Argraffiadau o Gonnemara

Er hanner ffeirio'i henaid – i foddio'r
Torfeydd o ddieithriaid,
I blesio'r Ewro oes rhaid
Darostwng i dwristiaid?

Y mae Pat a'i rych dato'n hanes mwy
Dan siment y bynglo.
Nid yw twlc o hen dŷ to
Yn ffit i ddim ond ffoto.

Y perthi wedi rhedeg, – a'i dir llaith
Yn dra llwm o wartheg,
A rhoes grant ffyniant i'r ffeg
Ar aceri'r tir carreg.

Ond ar dir sâl ardal wleb – ei dylwyth
Mae'n dal yn ddihareb,
A distewi ni all neb
Na'i iaith hen na'i ffraethineb.

Dirgelwch y Deri

Mae rhywrai â llif gadwyn,
Pwrs llawn, a geiriau mêl
Yn mynd drwy'r wlad gan adael
Distryw y man lle'r êl –
Yn cwympo deri gorau'r lle
A diengyd, na ŵyr neb i ble.

A thra bo'r awdurdodau
Yn chwilio am y cnaf
Deallwn i'r Tywysog
Yn un o'i gestyll braf
Gael cegin newydd grand, a wnaed
O'r derw gorau erioed a gaed!

Gwybed

*(Mae'n debyg bod pla o wybed yn poeni
rhai o drigolion Bae Caerdydd.)*

Wrth godi'r argae drudfawr
Aeth rhywbeth bach o'i le,
Er gwaetha'r arbenigwyr
Mae gwybed yn y Bê

Yn gwmwl drwy'r ffenestri
I'r gwlâu a'r byrddau te
Yn codi, wedi deor
O'r dyfroedd yn y Bê.

Trychineb gyda'r mwyaf!
Trist iawn o beth yntê –
Prifddinas ein diwylliant
 gwybed yn ei Bê!

Ond wele ddrws ymwared,
Mae rhwyd fân, fân ei gwe'n
Y dyfroedd wedi'i gosod
I'r gwybed yn y Bê.

A dyfais gwir athrylith
Wedi'i osod yn ei le
Sy'n mynd i ddenu'r gwybed
I foddi yn y Bê!

Ffocsyn

*(Mae'r 'Wales Alliance Against Cruel Sports' yn
honni nad yw llwynog yn lladd ŵyn, a bod y rhan fwyaf
o golledion i'w priodoli i esgeulustod bugeiliol.)*

Mae'r cadno ers canrifoedd yn cael cam.
Nid ef sydd wedi bod yn lladd yr ŵyn.
Nid ef ychwaith sydd yn gyfrifol am
Ein bod yn gweld y c'wennod wedi'u dwyn
Liw nos. Ein hesgeulustod ni bob un
Sy' i gyfrif am y cwbwl. Ein bai ni
Yw treulio llawer noson ar ddi-hun
Allan ar dywydd nad yw'n ffit i gi.

Felly y dywed WAACS, a rhywrai call
Na welsant gadno, hwyrach, ond mewn llun.
Ond wedyn, pwy ohonom nad yw'n ddall
I bopeth ond ei ddellni ef ei hun?
Nid ni, gan holl ystrywiau'r cochyn slei,
Yw'r unig rai i gael ein twyllo, gwlei!

Etifeddiaeth

(I goffadwriaeth G. Wyn James)

Gwaddol ei bobol, bob un
A gafodd heb ei gofyn,
I'w choledd a'i dychwelyd
I rywrai iau yn ei bryd.

Hi oedd y we yn ei ddal,
Hi y gân yn ei gynnal.
Hi ei egni, hi ei her,
Hi'i barhad, hi ei bryder.

Cadwodd o'r ffynnon honno
A rannai'i dŵr i'r hen do
Faw erioed, tan i Fai'r iâ
Blannu'r bâl yn nhir Biwla.

Arian Newydd

*(Defnyddir yr Ewro yn Llangollen
dros yr Ŵyl Ryngwladol.)*

Os ei di i Ŵyl Llangollen
Dos ag Ewro yn dy goden,
Ofer Yen na Zloty yno,
Nid yw'n arian nad yw'n Ewro.

Ofer Krone ac ofer Drachma,
Ofer Sheqel chwaith nac Anna,
Ni bydd drws y tŷ bach yno
Yn agoryd ond ag Ewro.

Ofer cynnig Won na Dinar
Fry uwch ton yr afon lafar,
Fe fydd badau'r gamlas honno
Wedi'u gyrru i gyd ag Ewro.

Ac os caiff dy gôr y cwpan
Anodd iawn fydd dathlu'n unman,
Nid yw neb a ddisychedo
Wrth y bar ddim gwerth heb Ewro.

Braf yw gweld yr arian newydd
Dros y byd yn uno'r gwledydd,
Os 'Byd gwyn fydd byd a gano',
Mwy soniarus yw sŵn Ewro.

Streic

Yr un hen gynnen! Y rhai anghennus
Eisiau arian i gael byw'n gysurus,
A rhai undebwyr hunan-dybus
Yn addo hafog i wlad oddefus,
A rywsut ym mhob creisus – bydd rhywrai'n
Talu eu hunain yn reit haelionus.

Gweddi Dros Archesgob Newydd

Iddo rho Dy fawrfrydedd, – a hiwmor
Yn gymysg â'i fawredd,
Ac ynddo dros achos hedd
Nertha'r gwir â thrugaredd.

Y Sioe Fawr

Wedi llanast y llynedd, – ym mro'r siom
Mae'r Sioe ar ei gorsedd,
A lliw yr haul o'r diwedd
Yn heigio'r wlad i gae'r wledd.

Anifeiliaid yn heidiau, – a'r rheiny
Â graen ar eu cefnau'n
Y ffair hon, a pheiriannau'n
Glwstwr ym mhob cwr o'r cae.

A maint y dyrfa heintus – a'i hymwâu
Hyd y maes hyderus
Yn adfer llonder y llys
Eto o'r lludw trallodus.

Er gwaethaf holl frygawthan – dienaid
Rhyw wladweinwyr truan,
Y mae hanes hwsmona'n
Llawn siom – a milwrio 'mla'n.

Hedydd

(Gwaharddwyd i'r Eisteddfod ddefnyddio rhan
o'r maes yn Nhyddewi am fod yr ehedydd yn
nythu yno, gan ddeor hyd ddiwedd Gorffennaf.)

Mi a glywais fod yr hedydd
Yn Nhyddewi i gael llonydd.
Ni chaiff dawns na'r cythrel canu
Ar ei gân ddim aflonyddu
Na difetha'r lle mae'n nythu.

Ac mi glywais fod yr hedydd
Yno'n canu alaw newydd,
A bod honno yn bereiddiach
Yn yr uchelderau mwyach
Pentigili draw i Solfach.

Solfach

Y mae, rhwng bryn a marian, – wylanod
O gychod yn gwichian
Yn y llif wrth gynllyfan
Yn Solfach, gilfach y gân.

Hen long

*(Darganfyddwyd ysgerbwd hen long o'r bymthegfed
ganrif yng Nghasnewydd yn yr union fan y bwriedir
ei 'ddatblygu'.)*

Mae cael canolfan hamdden, y mae'n rhaid,
Yn well i ni nac etifeddiaeth 'nawr,
'Waeth yng Nghasnewydd cafwyd dan y llaid
Ysgerbwd rhyw hen long, a checru mawr
Rhwng pobol sydd am weld ei harbed hi
A'r Cyngor, sydd am weld Jac Codi Baw'n
Rhoi concrid dros y cyfan – mae rhoi bri
Ar Ddinas ddeuddydd yn beth pwysig iawn.

Cyllid yw'r ddadl, fel y bu erioed
Ym mhob rhyw anghytundeb fu dan haul,
A ph'un ai a yw arbed catiau coed
O'r canoloesoedd heddiw'n werth y draul.

Yng Nghymru gadwriaethol mwy fe gei
Bod fandal weithiau'n gwisgo siwt a thei.

Rhod Wynt

Fry ar seld yr ucheldir, – yr Y fawr
Yw yfory, meddir.
Ac o tan ei chysgod hir
Ynni'r byd a arbedir.

Ein pŵer o'r copaon – a rennir
Wrth ffrwyno'r awelon,
A bydd mwy o Fynwy i Fôn
Bropelor lle bu'r peilon.

Mynd i'r Ysgol

(Bydd nifer o athrawon yn segur tan y
cwblheir archwiliad i'w cefndiroedd.)

Rwy'n mynd i'r ysgol fory
A'm llyfyr yn fy llaw,
A heibio'r Castell Newy',
Ond bydda' i 'nôl maes 'law.
Er prynu satshel newy'
A'r iwnifform a'r het
Ni fydda' i'n cael dim gwersi –
Mae Miss yn disgwyl fet.

Cwestiwn

(Mae peryg, meddai Mr Bush a Mr Blair, i Saddam Hussein ddatblygu 'weapons of mass destruction'.)

Cyn cwympo'r Wal, yn nyddiau'r Rhyfel Oer,
Cydbwysedd grym a gadwai hedd y byd
Yn ôl y gwybodusion. Mynd i'r lloer
A meddu arfau cryfach ydoedd bryd
America a Rwsia, a John Bwl
Wrth reswm, yntau wedi dal y clwy,
Yn dilyn yn eu sgîl fel rhywbeth dwl
I 'lunio arfau damnedigaeth fwy'.

Ni feiddiai un ymosod ar y llall
Meddid, rhag ofn i'r gelyn daro'n ôl
A gollwng arni holl bwerau'r Fall,
Fel bod rhyfela yn strategaeth ffôl.

Os felly, 'wnân nhw'n awr egluro pam
Nad yw'r un peth yn wir yn nydd Saddam?